EDICT DV ROY, PORTANT

creation d'Officiers en la Chambre des Comptes de Dijon.

Verifié en ladite Chambre le troisiéme Auril mil six cens trente-sept.

LOVIS par la grace de Dieu Roy de France & de Nauarre, A tous presens & à venir, Salut. Novs auons assez fait cognoistre par le passé, le soin que nous auons toujours pris de la conseruation de nos Subjets : Car bien que nous ayons esté obligez à de tres-grandes & excessiues despenses pour faire subsister les armées que nous auons esté contraints de mettre sus pied, pour leur moyenner le repos & la paix que nous leur auons tant desirée ; Neantmoins, auant que d'en venir aux moyens extrordinaires, nous auons mieux aymé non seulement épuiser nos finances, mais encores aliener vne partie de nostre Domaine. Auſquelles deſpenſes ne pouuans plus ſubuenir, ſi nous ne ſommes ſecourus de ceux qui eſtans les plus riches & plus aiſez du Royaume, ſont auſſi les plus intereſſez à leur conſeruation, comme ſont les Officiers de nos Compagnies Souueraines, qui reſtét les ſeuls en France qui ne nous ont donné aucun ſecours en la neceſſité de nos affaires. Et voulans neantmoins les traiter le plus fauorablement que nous pourrons, il nous a ſemblé que nous ne pouuions trouuer vn plus doux moyen, & moins à la charge de noſtre Peuple, qu'en augmentant le nombre deſdits Officiers en chacune de nos Compagnies Souueraines du Royaume : A CES CAVSES, Sçauoir faiſons, Qu'apres auoir mis cette affaire en deliberation en noſtre Conſeil, auquel aſſiſtoiét aucuns Princes de noſtre Sang, autres Princes, Officiers de noſtre Couronne, & autres grands & notables Perſonnages : DE leur Aduis, & de noſtre certaine ſcience, plaine puiſſance & authorité royale, AVONS par cettuy noſtre preſent Edict perpetuel & irreuocable, creé, erigé & eſtably, creons, erigeons &

establissons en tiltre d'Offices formez en
nostre Cour des Comptes & Finances
de Bourgongne, Deux nos Conseillers
Presidens : huict nos Conseillers Maistres ordinaires : quatre nos Conseillers
Correcteurs: quatre nos Conseillers Auditeurs : vn nostre Conseiller Notaire &
Secretaire : trois Huissiers, & vn Controlleur hereditaire des Greffes de ladite
Cour, auec attribution du tiers de tous
les émolumens que les Greffiers de nostredite Cour ont accoustumé de prendre, outre & par dessus les anciens émolumens desdits Greffiers, & le droict hereditaire du parisis desdits Greffes, que
nous voulons y estre establis & vendus à
faculté de rachapt perpetuel. Tous les-
quels Offices presentement creez, nous
auons ioint & vny, ioignons & vnissons
au corps de nostredite Cour des Comptes & Finances, Pour y estre par nous
dés à present pourueu de personnes capables, & cy apres quand vacation arri-
uera : Et en iouïr par lesdits pourueus,
Sçauoir chacun desdits Presidens, aux
gages de deux mil six cens liures, & cinq
cens liures d'espices de comptes abon-

nez, & de deux cens quarente liures de
droicts de robe, bougie, canifs & d'éleus:
chaque Maiſtre des Comptes, aux gages
de quatorze cens liures, & de deux cens
cinquante liures d'eſpices de comptes
abonnez, & de ſix vingts liures de droicts
de robe, bougie, canifs & d'éleus: chaque Correcteur, aux gages de huict cens
trente liures, & de cent quatre vingts
ſept liures dix ſols d'eſpices abonnées:
chaque Auditeur, aux gages de cinq cens
ſoixante liures, & droicts de ſix vingts
cinq liures d'eſpices abonnées: chaque
Huiſſier, aux gages de cinquante liures;
& noſtre Conſeiller Secretaire, aux gages de cinq cens cinquante liures, & meſmes droicts que les trois anciens portez
par noſtre Edict de creation d'iceux, du
mois de Feburier mil ſix cens trente-
deux, leſquels droicts ſe leueront par
augmentation d'vn quart, & ſans que les
pourueus de tous leſdits Offices de Secretaires, ſoiět obligez de reſider actuel-
lement à Dijon, ſinon lors qu'ils feront
mandez par noſtredite Cour des Comptes & Finances. VOVLONS & nous
plaiſt, que toutes perſonnes meſme les,

Officiers ſubalternes de noſtre Parle-
ment de Dijon, ſoient receus & admis
auſdits Offices de Secretaires, nonob-
ſtant la rigueur de nos Ordonnances,
dont nous les auons diſpenſez & diſpen-
ſons, & que ledit Controlleur des Greffes iouïſſe de quatre cens liures de gages,
& du tiers deſdits émolumens que les
Greffiers de noſtredite Cour ont accou-
ſtumé de prendre, outre & par deſſus les
anciens émolumens deſdits Greffiers,
auec ledit droiᵈᵗ hereditaire du pariſis
deſdits Greffes, que nous voulons y eſtre
eſtably, & vendu à faculté de rachapt
perpetuel. Tous les pourueus deſquels
Offices iouïront generalement des meſmes honneurs, authoritez, prerogatiues,
priuileges, exemptions, pouuoirs, iuriſ-
diᵈᵗion, eſpices, droiᵈᵗs, profits & émolumens qui ſont attribuez, & que les ont
& perçoiuent les anciens Officiers de
ſemblable qualité, en rapportant par
leſdits nouueaux Preſidens, Maiſtres,
Correᵈᵗeurs & Auditeurs, à la maſſe
commune de la Compagnie, leurs eſpices de comptes abonnées, & droiᵈᵗs de
robe, bougie, canifs & d'éleus, pour eſtre

le tout également partagé entre lefdits anciens & nouueaux Officiers, fuiuant qu'il eft accouftumé, en forte qu'il n'y ait aucune inegalité & difference pour toutes lefdites efpices & droicts, entre les Officiers de pareille qualité. Voulons & ordonnons, que le fonds des gages, efpices & droicts cy-deffus attribuez à tous lefdits Officiers creez par noftredit prefent Edict, montans à vingt-huict mil fept cens cinquante liures par chacun an, foient pris fur la mefme nature de deniers que ceux des autres Officiers de noftredite Cour: & par les Payeurs d'icelle, chacun an payez de quartier en quartier fur leurs fimples quittances, paffées & alloüées en la defpenfe de leurs comptes fans difficulté, par nos amez & feaux les Gens de noftredite Cour; & que pour cét effet ladite fomme de vingt-huict mil fept cens cinquante liures foit annuellement employée dans les eftats des Finances & Gabelles de noftredit Païs de Bourgongne, qui feront expediez en noftredit Confeil, & deliurez au Receueur & Payeur de noftredite Cour, à commencer du premier iour des prefens mois & an.

& an. Et voulans fauorablement traiter
ceux qui seront pourueus desdits Offices
creez par nostre present Edict, nous les
auons de nostre grace speciale dispensez
& dispensons pendant six années conse-
cutiues, qui commenceront en celle-cy,
de la rigueur des quarente iours portez
par nos Ordonnances, & iceux admis au
payement du droict annuel, sur l'eualuation de pareils Offices, durant lesdites six
années, sans pour ce payer aucun prest
ny aduance; & les auons en outre déchargez & exemptez du payement dudit
droict annuel, pour l'année en laquelle
ils seront pourueus, sans qu'aduenant
leur deceds pendant icelle, lesdits Offices puissent estre declarez vacans ny impetrables. Voulons & ordonnons que
tous lesdits Officiers de robe longue de
nostredite Cour des Comptes & Finances, qui à leur reception auront esté par
elle examinez sur le droict, soient receus
en toutes nos autres Compagnies Souueraines de ce Royaume, sans aucun
nouueau examen.

SI DONNONS EN MANDEMENT
à nos amez & feaux Conseillers, les Gens

de noftredite Cour des Comptes & Finances à Dijon, que noftre prefent Edict
ils facent lire, publier & regiftrer, & le
contenu en iceluy garder & obferuer,
fans qu'il y foit contreuenu en quelque
forte & maniere que ce foit, nonobftant
quelconques Edicts, Ordonnances &
Lettres à ce contraires, aufquelles & aux
derogatoires des derogatoires y contenuës, nous auons derogé & derogeons
par cefdites prefentes: Et à nos auffi amez
& feaux Confeillers, les Treforiers Ge-
neraux de France au Bureau de nos Finances eftably à Dijon, de comprendre
la fufdite attribution de vingt-huict mil
fept cens cinquante liures de gages dans
les eftats de ladite Generalité, à commencer du premier iour des prefens mois
& an: CAR tel eft noftre plaifir. Et afin
que ce foit chofe ferme & ftable à tou-
iours, nous auons fait mettre noftre Seel
à ces prefentes, fauf en autre chofe noftre droict, & l'autruy en toutes. DONNE'
à Paris au mois de Ianuier, l'an de grace
mil fix cens trente fix, & de noftre regne
le vingt-fixiéme. Signé, LOVIS: &
fur le reply, Par le Roy, PHELYPEAVX,

à costé, visa, & scellé du grand Seau de cire verte en lacs de soye rouge & verte. Et encor sur ledit reply est écrit :

Leuës, publiées & registrées, Oüy & ce consentant le Procureur General du Roy, du tres-exprés commandement de sa Majesté, porté par Monsieur le Prince, assisté du Sieur de Machault, Conseiller de sadite Majesté en ses Conseils, Maistre des Requestes ordinaire de son Hostel, Intendant de la Iustice, Police & Finances en Bourgongne & Bresse. A Dijon en la Chambre des Comptes le troisiéme iour d'Auril 1637. Signé, I A C H I E T.

AVTRE EDICT, PORTANT

moderation du nombre des Officiers creez en la Chambre des Comptes de Bourgongne par le precedent Edict.

Verifié en ladite Chambre le troisiéme Auril mil six cens trente-sept.

LOVIS par la grace de Dieu Roy de France & de Nauarre, A tous presens & à venir, Salut. Par nostre Edict du mois de Ianuier mil six cens trente-

ſix, & pour les cauſes y contenuës, nous
auons creé & erigé en noſtre Cour &
Chambre des Comptes de Dijon, Deux
Preſidens, huict Maiſtres ordinaires, quatre Correcteurs, quatre Auditeurs, vn
Conſeiller Notaire & Secretaire, aux
gages de cinq cens cinquante liures, &
meſmes droicts que les anciens : trois
Huiſſiers, aux gages de cinquante liures
chacun; & vn Controlleur hereditaire
des Greffes de ladite Chambre, aux gages de quatre cens liures, auec attribution du tiers de tous les émolumens que
les Greffiers de noſtredite Cour ont ac-
couſtumé de prendre, outre & par deſſus
les anciens émolumens deſdits Greffiers,
& le droict hereditaire du pariſis deſdits
Greffes, que nous voulons y eſtre eſtably
& vendu à faculté de rachapt perpetuel,
& vny & incorporé au corps de noſtredite Chambre. Tous leſdits Offices creez
par ledit Edict, à l'inſtar & aux meſmes
honneurs, prerogatiues, priuileges, exemptions, pouuoir, iuriſdiction, gages,
penſions, droicts, profits & émolumens,
tels & ſemblables que les perçoiuent les
autres Officiers de ladite Cour & Cham-

bre des Comptes, de pareille qualité. Le-
quel Edict ayant esté enuoyé & presenté
à nostredite Chambre, pour y estre regi-
stré & executé, les Officiers d'icelle nous
auroient fait tres-humbles supplications
de reuoquer ledit Edict, du moins sup-
primer la plus grande partie des Offices
creez par iceluy, tant pour la décharge
de nos Finances, que pour éuiter la con-
fusion que la multiplicité causeroit à la
fonction des anciens : Ausquelles supplications nous inclinerions bien volon-
tiers, non seulement pour partie, mais
pour le tout, si l'estat present de nos affaires ne nous en ostoit le moyen, ainsi qu'il
est notoire à chacun. Et neantmoins,
voulans nous relascher en leur faueur, &
moderer ladite creation, en considera-
tion de leur fidelité, zele & affection à
nostre seruice : Sçavoir faisons,
que de l'Aduis de nostre Conseil, où e-
stoient nostre tres-cher Frere vnique le
Duc d'Orleans, & autres grands & notables Personnages : De leur Aduis, & de
nostre plaine puissance & authorité royale, Novs avons par le present Edict
perpetuel & irreuocable, esteint & sup-

primé, esteignons & supprimons, vn desdits deux Presidens, deux Maistres ordinaires, vn Correcteur & vn Auditeur, des Offices creez en nostredite Chambre des Comptes de Bourgongne par nostredit Edict du mois de Ianuier mil six cens trente six, qui n'aura plus lieu que pour vn President, six Maistres, trois Correcteurs, trois Auditeurs, vn Secretaire de ladite Chambre, & vn Controlleur des Greffes d'icelle, auec attribution du tiers des émolumens que le Greffier a accoustumé de prendre, outre & par dessus lesdits anciens émolumens, & le droict de parisis dudit Greffe, qui sera vendu en heredité, & trois Huissiers: ausquels susdits Offices, sera dés à present pourueu de personnes capables, & cy apres quand vacation écherra, tant par nous que par nos successeurs Roys. Et desirant fauorablement traiter ceux qui en seront pourueus, nous les auons volontairement & de nostre grace speciale, dispensé & dispensons de la rigueur de quarente iours pendant six années, qui commenceront en la prochaine, en payant par chacune d'icelles, le droict

annuel fur le pied de l'eualuation ...
reils Offices, fans pour ce faire aucun
preft ny aduance ; & les auons en outre
déchargez & exemptez du payement
dudit droiƈt annuel, pour l'année en laquelle ils feront pourueus, fans qu'aduenant leur deceds pendant icelle, leurs
Offices puiffent eftre declarez vacans
ny impetrables.

SI DONNONS EN MANDEMENT
à nos amez & feaux Confeillers, les Gens
tenans noftre Chambre des Comptes à
Dijon, Que ces prefentes ils facent lire,
publier & regiftrer, & le contenu en icelles garder & obferuer, fans qu'il y foit
contreuenu en quelque forte que ce foit,
nonobftant quelconques Ediƈts, Ordonnances, Declarations & Lettres à ce
contraires, aufquelles & aux derogatoires des derogatoires y contenuës, nous
auons derogé & derogeons par ces prefentes : CAR tel eft noftre plaifir. DON-
NE' à Paris au mois de Feburier, l'an de
grace mil fix cens trente-fept, & de noftre
regne le vingt-feptiéme. Signé, LOVIS,
& fur le reply, Par le Roy, PHELY-
PEAVX, à cofté, vifa, & feellé du grand

Se... de cire verte en lacs de ſoye rouge
& verte. Et encor ſur ledit reply eſt écrit:

Leuës, publiées & regiſtrées, Oüy & ce con-
ſentant le Procureur General du Roy, du tres-
exprés commandement de ſa Majeſté, porté
par Monſieur le Prince, aſſiſté du Sieur de
Machault, Conſeiller de ſadite Majeſté en ſes
Conſeils, & Maiſtre des Requeſtes ordinaire
de ſon Hoſtel, Intendant de la Iuſtice, Police
& Finances en Bourgongne & Breſſe, A
Dijon en la Chambre des Comptes, le troiſié-
me iour d'Auril 1637. Signé, I A C H I E T.

Lettres de Surannation.

LOVIS par la grace de Dieu Roy
de France & de Nauarre, A nos
amez & feaux Conſeillers, les Gens de
nos Comptes à Dijon, Salut. NOSTRE
Edict du mois de Ianuier mil ſix cens
trente-ſix, portant creation & augmentation d'Officiers en noſtredite Chambre des Comptes, ne vous ayant eſté pre-
ſenté dans l'année de la date d'iceluy,
vous pourriez faire difficulté de le faire
regiſtrer, ſans nos Lettres ſur ce neceſ-
ſaires:

faires : A ces cavses, Nous vous
mandons & ordonnons par ces prefentes fignées de noftre main, de faire regiftrer purement noftredit Edict du mois
de Ianuier mil fix cens trente-fix, en-
femble celuy de fuppreffion d'aucuns
defdits Offices, du mois de
enfuiuant, cy attachez fous le contrefcel
de noftre Chancellerie, fans y apporter
aucune modification ny difficulté, nonobftant la furannation de celuy dudit
mois de Ianuier mil fix cens trente-fix,
& toutes autres chofes à ce contraires:
Car tel eft noftre plaifir. Donne' à
Sainct Germain en Laye le deuxiéme
iour de Mars, l'an de grace mil fix cens
trente-fept, & de noftre regne le vingt-
feptiéme. Signé, LOVIS : & plus bas,
Par le Roy, Phelypeavx, & fcellées
fur fimple queuë du grand Seau de ciro
iaune.

*Collationné aux Originaux par moy Confeil-
ler Secretaire du Roy & de fes Finances.*